et la cloche magique

Une histoire écrite par

Émilie Rivard

et illustrée par

Caroline Merola

cheval masqué

Catalogage avant publication de Bibliothèque et Archives nationales du Québec et Bibliothèque et Archives Canada

Rivard, Émilie, 1983-

Mathias et la cloche magique

(Cheval masqué. Au galop)
Pour enfants de 6 à 10 ans.

ISBN 978-2-89579-436-3

I. Merola, Caroline. II. Titre. III. Collection: Cheval masqué. Au galop.

PS8635.I83M37 2012 jC843'.6 C2011-942381-2
PS9635.I83M37 2012

Dépôt légal – Bibliothèque et Archives nationales du Québec, 2012
Bibliothèque et Archives Canada, 2012

Direction: Andrée-Anne Gratton
Révision: Sophie Sainte-Marie
Graphisme: Janou-Ève LeGuerrier

Nous reconnaissons l'aide financière du gouvernement du Canada par l'entremise du Fonds du livre du Canada (FLC) pour des activités de développement de notre entreprise.

Conseil des Arts du Canada Canada Council for the Arts

Bayard Canada Livres inc. remercie le Conseil des Arts du Canada du soutien accordé à son programme d'édition dans le cadre du Programme des subventions globales aux éditeurs.

Cet ouvrage a été publié avec le soutien de la SODEC. Gouvernement du Québec – Programme de crédit d'impôt pour l'édition de livres – Gestion SODEC.

Bayard Canada Livres
4475, rue Frontenac, Montréal (Québec) H2H 2S2
Téléphone: 514 844-2111 ou 1 866 844-2111
Télécopieur: 514 278-0072
edition@bayardcanada.com
bayardlivres.ca

Imprimé au Canada

Chapitre 1

Une légende intrigante

Ce matin, madame Louise, notre enseignante, commence la classe ainsi :

— Vous savez, notre école a cinquante ans.

Ça fait au moins mille fois qu'elle nous le répète. Elle va encore nous raconter une vieille histoire ennuyante.

Madame Louise poursuit :

— À cette époque, le début de la classe n'était pas annoncé par les premières notes de *Ah ! vous dirais-je, maman,* comme aujourd'hui. Il y avait une vraie cloche, pareille à celles de l'église. Pour la sonner, les enseignants devaient monter dans la tour de l'école et tirer sur une longue corde.

C'est ce que je disais : complètement ennuyant !

— Il paraît que, chaque fois qu'un ding résonnait, une chose très bizarre se produisait...

Quelqu'un cogne à la porte. C'est monsieur Bellefeuille, le directeur de l'école. Mes amis et moi l'appelons « la Chèvre ». Il est

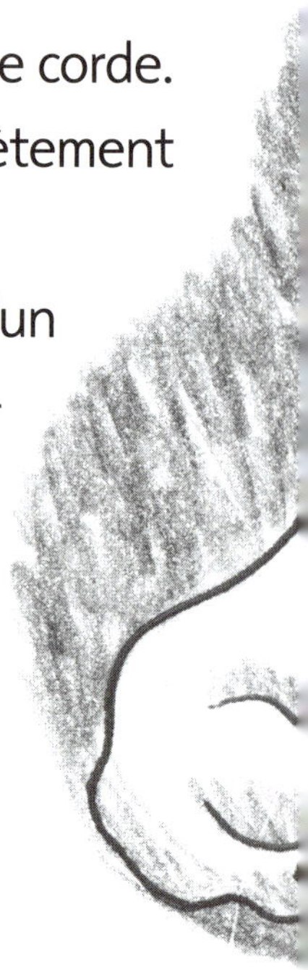

très vieux. Une barbichette cache le bout de son menton pointu, et sa voix tremblote quand il nous ramène à l'ordre.

Puisque je suis assis près de l'entrée de la classe, j'entends les propos que mon enseignante et le directeur échangent.

— Madame Louise, je vous avais demandé de ne jamais parler de cette histoire de cloche.

— Mais, Monsieur Bellefeuille, ce n'est qu'une légende…

— Choisissez une autre légende. Elles ne manquent pas dans la région !

Quand madame Louise revient, elle nous raconte une histoire de loup-garou que je connais déjà. Je suis trop occupé à penser à la cloche pour l'écouter. Pourquoi monsieur Bellefeuille semblait-il si nerveux ? Et c'est un drôle de hasard qu'il soit arrivé au moment même où mon enseignante parlait de cette légende…

À la récréation, je me glisse dans un corridor sombre qui mène à une porte verrouillée. Personne ne sait vraiment ce qui se cache derrière, mais elle donne juste en dessous de la tour...

Heureusement, je suis un champion pour bricoler des clés. Je peux TOUT ouvrir avec un simple trombone : la chambre de ma sœur et le placard où papa range ses vieux films d'horreur !

Mon outil me suit partout où je vais. Après avoir donné la forme voulue à mon trombone, je l'insère dans la serrure. C'est plus difficile qu'entrer dans la chambre de ma sœur... mais RIEN ne m'arrête !

Derrière la porte grinçante, une échelle est appuyée au mur. J'y grimpe rapidement, jusqu'à la longue corde reliée à la cloche. Puis j'attends la fin de la récréation. À ce moment, je sonnerai la cloche, et les premières notes de *Ah! vous dirais-je, maman* enterreront son bruit.

Quelques minutes plus tard, on entend la mélodie bien connue des élèves. De toutes mes forces, je tire sur la corde. Un génie surgit-il ? Non. Mon corps change-t-il ? Pas d'un poil. Mon futur apparaît-il dans le ciel ? Encore moins. RIEN ne se produit... ici, du moins.

Je descends à toute allure, puis j'arrive dans la classe en même temps que les autres élèves. Rien de particulier ne se passe là non plus. L'histoire de la cloche, c'était n'importe quoi !

Chapitre 2

QUELLES GAFFES !

Le lendemain, la journée commence très mal. Mon père répand son café sur mon devoir, ma sœur fait tomber mon verre de jus d'orange, et je casse la bouteille de parfum très cher de maman.

En route vers l'école, je vois un gros accident de voiture. Puis un camion de livraison fonce dans une borne fontaine. Mais qu'est-ce qui arrive aujourd'hui ?

Les catastrophes s'accumulent en classe également. En nourrissant le poisson rouge, Cédric renverse l'aquarium. Marie-Pier glisse dans la flaque et elle fait trébucher Patrice, qui tombe et se cogne la tête contre un bureau.

Madame Louise me demande d'accompagner Patrice à l'infirmerie. En revenant vers la classe, je croise le directeur, qui me sourit. Il serait moins gentil avec moi s'il savait que je suis monté dans la tour hier... Mais il ne peut pas être au courant! Pourtant, il fronce tout à coup les sourcils et il m'ordonne de le suivre dans son bureau.

— Mathias, es-tu allé dans la tour, hier?

— Non, Monsieur.

Comment peut-il s'en douter ? Impossible qu'il ait entendu la cloche, avec les précautions que j'ai prises ! Monsieur Bellefeuille a l'air encore plus sérieux que d'habitude...

— Mathias, en tirant sur la corde, tu as réveillé des pouvoirs endormis depuis longtemps.

Les pouvoirs de qui ? Il est complètement fou !

Monsieur Bellefeuille hoche la tête, puis il enchaîne :

— Nous ne sommes plus que deux à avoir des pouvoirs... Malheureusement, les autres personnes sont décédées. Et non, je ne suis pas complètement fou !

Le directeur répond à ma question sans que je l'aie posée... Vient-il vraiment de lire

dans mes pensées ? C'est plutôt incroyable ! Devant mon air abasourdi, il explique d'un ton grave :

— À l'époque, nous étions cinq hommes à posséder des pouvoirs chaque fois que la cloche résonnait. Et nous les perdions lorsqu'elle était sonnée de nouveau.

— Pourquoi vous ?

Le directeur raconte alors que les quatre autres personnes et lui sont nés la même semaine, celle où le forgeron Bergeron fabriquait la cloche. Un soir d'orage, un éclair a frappé la tour de l'école. C'est à ce moment que les pouvoirs ont commencé à apparaître et à disparaître.

— Génial!

Monsieur Bellefeuille ne partage pas mon enthousiasme.

— Ça aurait été génial, en effet, si les cinq superhéros avaient fait le bien avec leurs pouvoirs... Mais la ville est vite devenue dangereuse!

— Et vous avez barré l'accès à la tour...

— En réalité, j'ai détruit la cloche, ou plutôt sa réplique*.

— Pourquoi ne l'avez-vous pas éliminée pour de vrai?

— J'avais peur de l'effet que cela aurait pu avoir. Avant toi, personne n'avait tenté de la retrouver. Les gens la croyaient fondue. Mais assez discuté. Il faut que ces catastrophes cessent!

*Copie.

Monsieur Bellefeuille me demande si je veux aller sonner de nouveau la cloche, puisqu'il est trop vieux pour monter dans l'échelle. Rien de plus facile! Et j'avoue que ça m'arrange d'éliminer le pouvoir de télépathe* du directeur.

Quand nous passons devant les classes, nous entendons plusieurs objets se casser. Des bris qui ont sûrement un lien avec cette histoire...

Je grimpe dans la tour. À la seconde où ma main s'apprête à attraper la corde, la cloche semble s'envoler par une fenêtre. En tout cas, je ne la vois plus!

* Qui peut communiquer par la pensée.

Chapitre

3

LE VILAIN MARCHAND

De la porte, monsieur Bellefeuille crie :

— Tu y arrives, Mathias ?

— La cloche s'est... sauvée !

Il me fait signe de me taire jusqu'à ce que nous soyons dans son bureau, à l'abri des oreilles indiscrètes.

— Oh ! il y a du Marchand là-dessous ! s'exclame-t-il.

Devant mon air interrogateur, le directeur explique :

— Le vilain Maurice Marchand a ouvert une usine d'essuie-tout il y a plusieurs années. Pour vendre plus de papiers jetables, il a causé des millions de gaffes, grâce à son pouvoir de télékinésie*.

— Il voulait vraiment faire du mal ?

— Au début, non. Il n'avait pas pensé qu'une petite gaffe pourrait provoquer un incident dangereux. Puis l'amour de l'argent l'a rendu fou. J'ai bien peur qu'il aille trop loin encore une fois !

— Vous êtes un superhéros, vous aussi. Vous seriez capable de l'arrêter...

— Le meilleur moyen est de retrouver la cloche et de la sonner. Peux-tu m'aider ?

* Déplacement des objets par la force de la pensée.

Je veux bien, mais je n'ai aucun pouvoir… Monsieur Bellefeuille lit dans mes pensées. Il ouvre un tiroir dans lequel sont entassées toutes les inventions qu'il m'a confisquées depuis le début de l'année.

— Mathias, tu n'as peut-être pas de pouvoir, mais tu as un don. Tu inventes des outils avec n'importe quel objet! Ta curiosité est une qualité que je n'aime pas toujours en tant que directeur. Pourtant, dans une situation comme celle-ci, je suis bien content que tu sois tel que tu es!

Le superdirecteur et moi montons dans sa vieille voiture. Nous roulons très vite et

nous arrivons bientôt à l'usine. Nous courons ensuite jusqu'à une porte à l'arrière de l'édifice.

Monsieur Bellefeuille chuchote :

— Entrons et trouvons Maurice Marchand sans qu'il nous voie. Avec son pouvoir, il nous contrôlerait comme des marionnettes ! En lisant dans ses pensées, je saurai où il a mis la cloche.

Puis il ajoute :

— Dès qu'on l'aura sonnée, Maurice ne pourra rien contre nous.

Le plan est simple, mais est-ce que ce sera si facile ?

Le premier obstacle est vite contourné : je déverrouille facilement la porte à l'aide d'une tige de métal. Cachés derrière des boîtes de rouleaux d'essuie-tout, nous apercevons des travailleurs. Ce sera difficile pour nous de sortir de cette pièce sans être vus...

J'ai une idée ! Je n'ai pas besoin d'expliquer quoi que ce soit à monsieur Bellefeuille. Puisqu'il est télépathe, il comprendra ce qu'il doit faire.

Quittant ma cachette, j'aborde un ouvrier.

— Monsieur, je fais un travail sur le métier de… d'emballeur d'essuie-tout…

D'accord, j'ai déjà inventé un meilleur mensonge, mais ça devrait donner le temps au directeur de sortir de la pièce sans attirer l'attention.

— Qui t'as laissé entrer, petit gars ? demande l'ouvrier.

— C'est... monsieur Marchand...

D'une grosse voix, un homme proteste:

— C'est faux, je n'ai pas laissé entrer ce gamin, ni ce superzéro fripé, d'ailleurs!

Je me retourne vers un vieil homme plutôt petit et gras. À voir son regard un peu fou, je devine qu'il s'agit du vilain Maurice Marchand. À côté de lui, un homme aux allures de gorille tient monsieur Bellefeuille par le collet. Nous voilà dans le pétrin!

Chapitre 4

MIROIRS, MIROIRS...

Le superdirecteur se débat dans les bras de l'homme-gorille.

— Sauve-toi, Mathias ! crie-t-il.

Mes jambes semblent coincées dans un bloc de béton. Un ouvrier en profite pour m'attraper.

Maurice Marchand, le gorille et l'ouvrier nous mènent à une pièce étrange. En moins de deux, nous voilà attachés à des chaises. Nous sommes devant une grande carte de la ville, remplie de boutons et de lumières rouges.

En pressant des boutons, le méchant Marchand provoque toutes sortes de maladresses. Puis il bouge les bras jusqu'à ce que de nouvelles lumières s'allument. Il semble s'amuser come un enfant. Monsieur Bellefeuille avait raison de craindre qu'il cause du tort encore une fois...

Dehors, on entend des sirènes de voitures de police hurler. Je remarque que le méchant appuie sur un autre bouton. Monsieur Bellefeuille l'aperçoit aussi.

— Non, Maurice! Pas le laboratoire du scientifique Foré! Rappelle-toi tous les blessés qu'a faits la dernière explosion dans ce labo…

Le vilain hausse les épaules. À la seconde où il s'apprête à utiliser de nouveau son pouvoir, une sonnerie d'urgence retentit dans l'usine. Ouf !

Maurice grogne :

— Je reviens dans une seconde.

— Il faut sortir d'ici et trouver la cloche au plus vite, chuchote monsieur Bellefeuille.

Quelques objets traînent sur une table, mais, comme j'ai les mains liées, ils sont inutiles. En se tortillant, le superdirecteur réussit à s'approcher suffisamment de moi pour me libérer. Je le détache ensuite en faisant remarquer :

— La porte est sûrement surveillée !

Sur la table, je prends deux petits miroirs, un morceau de carton épais, du ruban adhésif et des élastiques. En peu de temps, je fabrique une nouvelle invention.

Je glisse ma création sous la porte. Grâce aux élastiques, je peux bouger les miroirs. Je réussis à voir l'homme-gorille qui guette les allées et venues. Tout à coup, j'aperçois Maurice qui est de retour. Oh non! nous n'avons pas le temps de nous enfuir!

Chapitre 5

LA SALLE 414

Pour nous sauver, nous devons absolument être plus rapides que nos ennemis. Nous nous dissimulons derrière la porte. Au moment où elle s'ouvre, le superdirecteur la repousse d'un coup brusque. Il assomme ainsi le méchant Marchand, qui tombe sur l'homme-gorille.

Maurice Marchand reste surpris quelques secondes, ce qui est suffisant pour nous permettre de fuir. En courant dans le corridor, j'entends les pas lourds du gorille. Heureusement, il est encore loin derrière.

Le directeur dit, sans s'arrêter:

— Ce gros bêta vient de penser à la cloche. Je sais où elle est! Salle 414. Tourne à droite au prochain couloir, tu y parviendras. Par contre, je ne sais pas où l'objet magique se trouve dans la pièce.

Je suis les consignes du directeur alors qu'il emprunte un autre chemin pour semer notre poursuivant.

La salle 414 est un entrepôt. Des caisses, des coffres et des objets y sont rangés. Je cherche partout. Aucune cloche! Est-ce que le vilain Maurice laisserait cet objet précieux sans surveillance ? Sûrement pas ! Il doit être bien caché.

En cherchant un outil pour m'aider, je découvre un aimant. Parfait! Je marche lentement le long du mur. Tout à coup, l'aimant est attiré vers une planche de bois. Il y a du métal derrière, c'est certain! À l'aide des outils qui traînent, je retire le bout de bois qui cachait... un coffre-fort!

Dans les films policiers, les agents secrets décodent souvent une combinaison avec un stéthoscope.
Je ne trouverai jamais cet

instrument ici! En fouillant, je déniche des bouts de tuyau flexibles, une ventouse et du papier adhésif. Quelques secondes plus tard, un beau stéthoscope repose entre mes mains.

Les deux bouts de tuyau insérés dans les oreilles, je colle la ventouse sur la porte du coffre, avant de tourner lentement la roulette.

Tic, tic, tic… CLIC. Je tourne dans l'autre sens. Tic, tic, tic, CLIC. Une fois encore : tic, tic, CLIC. La poignée cède… Ça fonctionne ! Encore mieux : la cloche est dans le coffre !

Ma joie disparaît très vite quand Maurice Marchand entre dans la pièce.

En s'approchant, il demande :

— Crois-tu vraiment que ce sera aussi facile ?

Soudain, mes pieds quittent le sol. Flottant dans les airs, je ne contrôle plus mes mouvements. J'essaie d'atteindre la cloche, mais c'est impossible…

Maurice sait que je ne peux plus rien faire, ainsi coincé entre le plafond et le plancher. Il se tourne alors vers la cloche. Grâce à son pouvoir, il réussit à l'élever et à l'envoyer en direction de la porte.

Juste avant que le vilain Marchand sorte, j'attrape une longue perche de métal munie d'un crochet. En m'étirant, j'atteins la corde qui permet de sonner l'objet magique.

DONG!

Chapitre 6

ADIEU, POUVOIRS !

Aussitôt la cloche sonnée, je m'effondre sur le sol. Si Maurice ne parvient plus à me faire voler, c'est que son pouvoir a disparu. J'ai réussi !

Malgré quelques douleurs causées par ma chute, je me rue sur l'objet magique avant mon ennemi.

Au même moment, monsieur Bellefeuille arrive en courant. Il a semé l'homme-gorille.

Ensemble, nous parvenons à immobiliser le vilain Maurice avant qu'il sonne la cloche.

J'interroge le directeur :

— Et maintenant, qu'est-ce qu'on fait ?

— Je ne sais pas. Mais il faut agir vite, avant que le gorille nous rejoigne!

Une fois de plus, je parcours du regard les objets rangés sur les tablettes. Des outils de toutes sortes, des bouts de bois, de plastique, de styromousse, des pots de peinture et de colle... J'ai trouvé!

Je demande à monsieur Bellefeuille de tenir le battant*, pendant que j'étends de la colle sur les parois intérieures de la cloche. J'égrène de la styromousse et j'en répands sur la colle. L'objet magique est devenu muet.

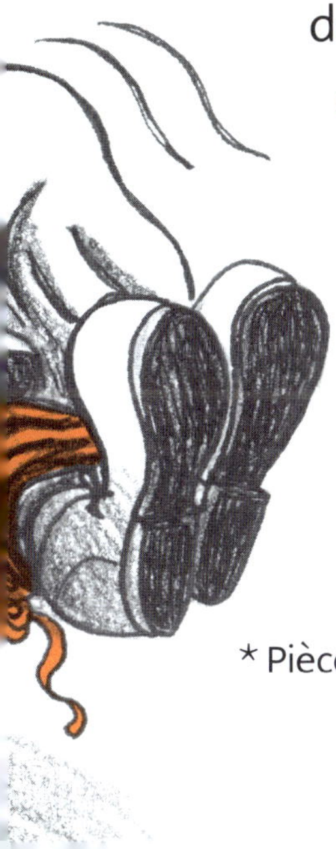

Le directeur me félicite:

— Tu sais, Mathias, au fond, c'est toi, le héros!

* Pièce de métal qui se termine par une boule.

Après avoir hissé l'instrument doublé de styromousse sur un chariot, nous nous sauvons de l'usine le plus vite possible.

* * *

Le lendemain matin, je retourne à l'école comme si rien ne s'était passé. Je me rends à ma classe en silence, puisque monsieur Bellefeuille m'a interdit de raconter notre aventure à mes amis. Ce qu'il peut être embêtant, ce directeur, quand il n'est pas un superhéros !

Tout à coup, une voix me fait sursauter.

— Mathias ! Dans mon bureau !

Oh ! oh ! a-t-il lu dans mes pensées ? C'est impossible, car il n'a plus son pouvoir. Il ferme la porte avant de prendre la parole.

— J'aurais dû régler cela depuis longtemps… Cette nuit, j'ai enfin fait fondre la cloche.

Je suis un peu triste que l'histoire soit terminée. C'est mieux ainsi, je le comprends, sauf que j'aurais bien aimé vivre d'autres aventures du genre…

Devant mon air désappointé, monsieur Bellefeuille me confie :

— Tu sais, Mathias, c'est moi qui devrais être déçu que cette aventure soit terminée. Je ne suis plus télépathe, mais, toi, tu garderas ton don de bricoleur toute la vie !

En effet, je suis heureux que le directeur ne puisse plus lire dans mes pensées. Il ajoute :

— Et quelque chose me dit qu'avec ta curiosité tu n'en es pas à ta dernière histoire fantastique… Mais fais tes bêtises ailleurs qu'à l'école, veux-tu ?

Si une cloche magique se trouvait dans la ville, qui sait ce qui s'y cache d'autre ? Je sors du bureau du directeur avec le sourire aux lèvres et de nouveaux projets d'inventions en tête !

FIN

Voici les livres AU GALOP de la collection :

- ☐ **À la recherche du tikami**
  de Marie-Hélène Jarry
  et Leanne Franson
- ☐ **Au voleur !**
  de Nadine Poirier et Leanne Franson
- ☐ **Comment faire disparaître sa voisine**
  d'Émilie Rivard et Pascal Girard
- ☐ **Cordélia et la montagne mystérieuse**
  de Julie Pellerin et Céline Malépart
- ☐ **De la magie pour grand-maman**
  de Nathalie Loignon
  et Marion Arbona
- ☐ **La princesse Pop Corn**
  de Katia Canciani
  et Benoît Laverdière
- ☐ **Le nouvel habit de monsieur Noël**
  de Christiane Duchesne
  et Céline Malépart
- ☐ **Le secret de mamie**
  d'Émilie Rivard et Pascal Girard
- ☐ **Les sœurs Latulipe**
  de Caroline Merola
- ☐ **L'île du dieu Canard**
  de Johanne Gagné et Caroline Merola
- ☐ **Lili Pucette aux Jeux des chiens**
- ☐ **Lili Pucette contre les 400 lapins**
- ☐ **Lili Pucette et Jake le Boa**
- ☐ **Lili Pucette fait la révolution**
  d'Alain Ulysse Tremblay
  et Rémy Simard
- ☐ **Ma grande sœur est une peste**
  de Nathalie Ferraris
  et Benoît Laverdière
- ☑ **Mathias et la cloche magique**
  d'Émilie Rivard et Caroline Merola
- ☐ **Prisonniers des glaces**
  de Paule Brière et Caroline Merola
- ☐ **Thomas Leduc a disparu !**
  d'Alain M. Bergeron et Paul Roux
- ☐ **Ti-Pouce et Gros-Louis**
  de Michel Lavigne
- ☐ **Un cadeau ensorcelé**
  de Caroline Merola
- ☐ **Un sorcier chez les sorcières**
  d'Andrée-Anne Gratton
  et Gérard Frischeteau

Lesquels as-tu lus ? ☑